教师 POCKET PAL

让家长走进学校

Involving Parents in Schools

比尔·卢卡斯　著
(Bill Lucas)

王漠琳　译

教育科学出版社
·北京·

目 录

前　言

众所周知，让家长亲身参与到子女的教育中去是非常有意义的。家长的参与能帮助：

- 提高学生的出勤率；
- 增长学生的自信心；
- 提高新生入学率；
- 扩展学校能提供的教育机会的范围；
- 提高家长对子女的抚养质量；
- 让那些对学习没什么兴趣的家长重新参与到学校生活中去。

最近，政府声明，他们希望家长能更多地参与到自己孩子的学校生活中去。学校系统应该积极回应家长的需求和希望，每个家长也应确信，学校的大门是向每一个孩子敞开的。

当然，情况也不可能总是这样。几十年以来，甚至是几百年以来，尽管学校都是在"代替父母"（in loco parentis）*这样一个理念下经营的，但是学校却根本就不欢迎家长。教育孩子变成仅仅是教师的责任了。

自 20 世纪 60 年代以来，社会变得更加开放；自 20 世纪 90 年代以来，社会更加关注消费者。所以，学校的态度也逐渐发生了变化。

今天，对于那些真正想让家长参与到学校生活中来的教师们，新机会出现了。

很多小学已经对学龄前的儿童敞开了大门。很多中学也正在考虑如何为其所在的社区提供学习和进修的机会。学校要"全面服务"的这种想法——就是指学校为了纠正社会弊病而提供宽泛的社会服务——正越来越被人们所认可并接受。

---

* "in loco parentis" 是一个拉丁术语，指那些为孩子的利益着想而承担父母职责的人。这一观念源于很久以前的英国普通法，用以定义教师对学生的职责。

当然，小学教育和中学教育有很多根本的差异。如果你教的是低龄儿童，让家长参与就是自然而然的。但是，一旦孩子进入青春期，孩子就开始和父母对着干，而且还不希望在学校里见到自己的父母。这时候，要再让家长参与到学校中去，就非常困难了。

还是有太多的学校认为，对于学校的已经很紧张的日程来说，家长的参与会打乱学校的日程，所以并不希望家长参与进来。这种想法到今天还是"阴魂不散"。除了一些花言巧语（比如"家庭／学校协议"里的那些漂亮话），学校并没有多少诚意真正让家长参与学校工作或与家长进行合作。

所有的研究都表明，家长对学校来说至关重要。但是实践中又没几个老师真正把家长当回事儿。我们真要改改这种老观念。

但是，到底怎样把这些想法付诸实践？学校应该采取哪些对家长、学生、教师都适当的步骤，来让家长更有效地参与进来？我们怎样才能让家长感到我们是欢迎他们的？

上面说到的这些，就是本书要深入探讨的问题。

技术

信心不足

你可曾注意过，有的家长在教室外面转来转去，显然没多少信心走进教室；或者，平时举止温文尔雅的家长一跟你谈到自己的孩子时，就突然变得咄咄逼人。对这些情况，你是否感到纳闷儿？

这些家长可能是信心不足才变得这样；也有可能是因为他们自己上学的时候，觉得不怎么开心；也有可能因为人际关系方面出了点岔子，自尊心受到了打击；再或者是因为，他们觉得上学真是没什么乐趣，甚至让人望而生畏。

你们学校也许就是官僚主义做派，而且对家长也不那么友好。想要了解这些真相也很简单，你只要亲自去体验一下家长的遭遇就行了。在学校教职员工都同意之后，你想想看，为什么家长好端端地会提出想见老师，把所有你能想出来的原因都列出来，然后，把这些原因逐一"排演"一遍，这样你就能对家长的经历有些感同身受了。比如，你给学校传达室打电话，直接感觉一下服务质量；或者，你没经预约就到学校去，想约见某个老师，你看看你会得到什么待遇。

当然，教师不是学生家长的社会工作者。常识告诉我们，不要干涉家长，就让家长自得其乐，这才对学校有帮助。

为什么很多学校总是有意无意地搪塞家长呢？——岂不知，学校是需要家长的帮助的！学校应该尽量用通俗易懂的语言和家长交流，也应该提前做好各项规划，并努力去了解学生的家庭生活，这样，学校才能与众不同，脱颖而出。

应用

试试用下面这些简单的方法，让家长觉得舒服自在：

☞ 在学生到你们学校上学之前，你提出要见一见每位学生家长。

☞ 问清楚家长喜欢哪种联络方式（电话？书面信函？电子邮件？），还有，家长希望用哪种语言进行交流。

☞ 在暑假结束前，给家长们办一次烤肉聚餐，或者是户外野餐，这样家长们也就能认识彼此了。

☞ 把学校全体教职工——所有老师和所有工作人员——的照片都配上名字，陈列在学校的大厅里，再配上学生自己画的每个教职工的画像。

☞ 把每个老师和每个助教的名字贴在每间教室门上。

☞ 给每个新来学生的家长都寄一封书面信，信的内容是"怎样和我联络"，并亲自签名。

☞ 在与家长沟通时，语言简洁易懂，不讲教育术语。

☞ 第一个学期时，每周三都给家长发一封友好、简短的信笺。

☞ 在学校的教室、走廊和大厅里，准备一些供成人坐的舒适的座椅。

☞ 当家长和你在教室里见面时，你千万不要坐在讲桌上和家长说话。

☞ 在大厅里，备一台饮水机。

☞ 每隔一周的周一，给家长们准备一些免费的咖啡或茶，让家长们送完孩子后可以饮用。

☞ 每年都要征求家长意见，为了使学校的氛围更加友好，作为教师还能做些什么。

技术

尽量避免教育术语和官话连篇

为什么很多学校给家长写的信，简直就像是给教育系的教授写的信似的？为什么有时候，教师总是用连篇的官话来蒙蔽家长？

要回答这两个问题也很简单。教师对自己这一行里的术语已经习以为常，所以都意识不到自己讲的话里有多少是术语。我们说"垂直分组"的时候，认为这个概念很清楚，就是指在一个班里，将不同年龄的儿童编成一组；而不是指学校食谱里为了让孩子长得更高的什么东西。在英国，很多学校到现在还把学期前和学期中的训练日称为"INSET"！（这被有的学生戏称为"昆虫日"！）甚至还有些学校，将他们的自由时刻称为贝克日（Baker days）（指在职教师进修日），这是对那些讨厌进修的人的一种戏称。

要使你的语言通俗易懂，避免套话的关键在于时刻保持一种健康的幽默感，并且能把溜进教师日常用语里的古怪字眼一眼就认出来！

应用

现在，我们来玩一个有关教育术语的"宾果游戏"（译者注：宾果游戏是一种彩票式游戏，玩者用一张有数字的牌，把开叫的号码划去，第一个划去自己牌上所有号码者喊"宾果！"或"满！"）无论何时，你给家长写信或者是和家长谈话，都可以用下面的这个简单的宾果卡片：

BINGO

添加新价值	个性化	多种学习风格	关键阶段
元认知	多元智能	垂直分组	课程
教学内容培训日	语音学	差异化	SAT考试
读写能力	识数能力	具有职业教育性质	排名表

现在，你就能做出你自己的"宾果"卡片了。当你需要给家长写每份文件时，可以用上你"宾果"卡片里列出的所有特点，你要么把教育术语全都去掉，要么就一个个地都解释清楚。

你还可以找一些家长来，专门负责挑出你的教育术语，不让任何一个术语漏网，并随时给你反馈意见。

技术

提前制订计划

"家长之夜"活动里，你希望见到的家长却没有露面，你会不会觉得气不打一处来？训练日刚结束，学校正要关门的节骨眼儿上，怎么忽然就冒出来了几个学生？再或者，作为一名中学教师，你是否曾因学生晚交课堂作业或者家庭作业而绝望？

对上述的所有情况，可能都会各有各的原因。比如说，可能是学生自己的错，忘记了学校规则，或者干脆就是死不悔改。但是，学校本身也难辞其咎，因为学校没有提前制订计划的习惯。你去看看你们当地教育局的网页，各校未来三年甚至三年以后各个学期的日程都排出来了。但是一旦家长们问下个学期的训练日是哪几天时，被问的人往往是一脸茫然，无法回答。对家长来说，这样的表情简直比什么都有说服力。这种情况说明，要管理好学校，比家长养育好子女要重要得多。当学校确实能管理好学校时，不用宣传，一切都能自动显现出来。

当然，学校也得随机应变，设计一些原计划中没有的即兴活动，比如外出旅行等。在学校网页上，你可以把这些即兴活动都予以特别标注，或者是在学校的每个进出口都贴出此类活动的海报。

但是，这可并不是匆匆忙忙地制订计划的理由！

请见本书第 19 页和第 32 页的其他相关想法。

应用

每学年开学前，你得：

☞ 查查这一学年的各个重要日期。

☞ 确认学校的放假日期。

☞ 查查当地政府的信息，看看网页和其他各项活动。

☞ 把所有的公共假期和法定节假日都记下来。

☞ 了解学校的主要活动都安排在哪天。

☞ 知道学校的主要评估和课程方面的活动都安排在哪几天进行。

在每学期开学前，你得发布一个具体的本学期日历：

☞ 把这日历本放到网上去；

☞ 用大字号（还要考虑用其他语言）打出来；

☞ 打印出来发给家长；

☞ 打印出来发给学生。

每个周末，你得：

让学生带着"下周备忘录"回家。

每天结束前，你得：

让学生带着"明天备忘录"回家。

技术

透彻了解学生的家庭情况

你对你校的学生家庭了解多少？你所教的学生里，有多少人：

- ❖ 只和父亲或者母亲住？
- ❖ 有同父异母（或同母异父）的兄弟姐妹？
- ❖ 有继父或者继母？
- ❖ 周末要住到另一个家里去？
- ❖ 周一到周五时，住到另一个家里去？
- ❖ 父亲或母亲得上夜班？
- ❖ 因为父母亲工作的原因，过几年就得搬一次家？
- ❖ 讲一种以上的语言？
- ❖ 父亲或者母亲，几乎不懂英语？
- ❖ 每天得在路上花超过 40 分钟的时间赶到学校？
- ❖ 几个月前才刚搬到这个国家？
- ❖ 家庭生活不愉快？

越来越多的孩子，放学后回到的家是一个"组合"型家庭，比如，父母中有一个不是亲生父母，或者是得和其他孩子或成人住在同一个屋檐下。

很多教师也许会觉得，学生的家庭生活对教师来说是禁区。其实，教师对于不同类型的家庭环境了解得越是透彻，就越是有可能让更多的家长参与到学校生活中来。

应用

如果学生家长是护士，经常得倒夜班，让这样工作的家长来参加"家长之夜"，恐怕是非常困难的。家庭环境不仅关系到家长什么时候有空，还关系到家庭的交流方式、家长对学生的监管方式，以及学生的自信心的养成等问题。

看看这里的各种情况，然后思考一下：
☞ 会有什么影响。
☞ 学校方面能给予哪些帮助。

环境	影响	怎样协调
单亲家庭		
刚移民到本国		
得经常搬家		
上学路途遥远		
很多同父异母（或同母异父）的兄弟姐妹		
有两个家		

技术

搜集家长常会问及的问题

你想过没有，为什么家长总是问你同样的问题？你有没有意识到，刚来的老师可能并不知道该怎么回答这些问题？当家长就国家教育政策提问时，你的同事们给出了各种不同的答案，对此你是否感到忧虑？如果你真的要另起炉灶把所有的问题全过一遍，你是不是又觉得没有一点儿信心？

你得把所有常见问题搜集起来，并把已经得到认同的答案全部汇总。

这里列出了一些家长常会问到的问题。当然，你可以自己列出各种常见问题，并附上答案。

❖ 我到哪儿能找到本地的学校和幼儿园的信息?

❖ 我怎样才能给孩子在中学里报上名?

❖ 到哪儿能查找到学校里的各种重要日期?

❖ 某天上学上到一半，我的孩子能回家吗?

❖ 我的孩子可以骑自行车去学校吗?

❖ 学期中，我的孩子可以休假不再去上课吗?

❖ 学校里有没有让我的孩子安全存放物品的地方?

❖ 如果我的孩子病了，我该怎么办?

❖ 我怎样才能让我的孩子得到更多的帮助?

❖ 如果我觉得我的孩子在学校里被欺负了，我该怎样做?

❖ 如果天气恶劣，学校临时放假，我怎样能得知这样的消息?

❖ 我的孩子每天得做多少家庭作业?

❖ 我该怎样参与到学校事务中去?

❖ 我能获得帮助提升我的英语吗?

❖ 我的孩子每天能看多长时间的电视?

应用

约翰史密斯

学校

常问的问题

FAQ

　　就常见问题制作一本家长指南。下面列出来的这些可以帮上你：

☞ 仔细考虑学校生活的方方面面。

☞ 现在，把你自己想象成一个家长。作为家长，你最想知道些什么？

☞ 下一步，把家长们曾问你的所有问题，都集体讨论一遍。

1. 让你们学校的每个职员，都提出 10 个问题来。

2. 最后，把这些问题整理归类，把其中最有可能被问到的问题列出来。

2 更好地交流

技术

前台

　　如果你是个家长，现在为了一件十万火急的事情，急匆匆地赶到学校，你看到的第一个人，是学校门卫，他可能会很友好，但是什么都说不清楚。然后，你赶到了一个像是接待室的地方见到了接待人员，但是在你和接待人员之间，却横着一道玻璃。这个接待员呢，坐在堆积如山的文件堆里，他一边打着电话，一边四处东张西望地哪儿都看，就是一眼也不瞅你。

　　情形也可能是这样：你是个家长，现在为了一件十万火急的事情，急匆匆地赶到学校，你冲进接待处，接待员和你打了个招呼，但是没什么诚意，对你的心急火燎也没表现出一点儿同情心，而且这接待员忙得团团转，根本就没时间停下来问问你有什么事。

　　这两种情况你不陌生吧？当然，你们学校是"绝不会发生"这种事的，真的吗？！

　　管理学校接待处前台的人，从很多方面来讲，一旦和家长打交道，就很可能成为你们学校最重要的一个人。这个人的身份，可以是接待员、秘书、志愿者或者是教师，也有可能就是校长本人。

　　接待来访客人是非常重要的工作，所以本书用了两个部分来谈这个问题。在本书第 34 页和第 35 页，还有关于接待工作的其他内容。

想一想，你在私人场合和工作场所，用的都是哪种交流方式。现在就把所有这些方式都用到和家长沟通里去。有技巧的交流能使你的谈话更具有个人风格，并让你更有效地利用时间。同时，也能更好地服务于家长。

应用

你们学校是所什么样的学校？你想让学校给人以什么样的第一印象？这两个问题都很有用，能回答好这两个问题，你就能弄清楚应该怎样做才能迈出与家长们成功交流的第一步。

看看下面这些词，你也往里添一些你觉得重要的。然后，从中选出五个你想给家长留下的印象：

学术型的

待人可亲

能帮助人

关心大家

很成功

灵活机动

关爱儿童

懂得生意经

对成人友好

有学习气氛

会挖掘潜力

激进的

与众不同

技术

书面信函和电子邮件

作为家长，你有没有收到过这样的一封书面信，一开头就写着"亲爱的比尔·卢卡斯"？或者，在信的末尾，寄信人根本就没有署名？再或者，学校写给你的书面信，一开头仅仅是称呼你为"亲爱的家长"却没有称呼你的名字？再或者，信里的电话号码是错的，打都打不通？再或者，信是4月5号寄出的，而信里却开口闭口地在谈3月的事情？

如果你是个家长，我打赌你一定收到过这样的书面信！甚至于，你也可能写过类似的信！当然，还有比这种信更糟的，那就是医院寄给你的预约信函，这种信里，大小写字母经常搅在一起，这种信有时候是同时寄给几个人的，结果呢，名字栏里你的名字顺序给弄得乱七八糟……

这么说吧：学校给父母两人同时寄书面信时，为什么就不能把家长的名字清楚地列出来呢？为什么非要图省事，写个"亲爱的家长"就算了事？

还有，学校为什么不保留所有家长的电子邮件地址，在寄出书面信函的同时，也发个电子邮件？真奇怪，学校怎么几乎都不怎么用电子邮件呢？当然，这是得花些时间，但是，打电话、写信，还有开会不都得花时间嘛！

实际上，我们为什么总是让学生当传信、传话的信使？现在是信息时代，我们为什么不越过学生，直接跟家长谈？

应用

和学校的全体教职员工一起讨论讨论，怎样发电子邮件能更有效地让更多的家长参与到学校工作中来。

第一封电子邮件是某个老师写给某位家长的：

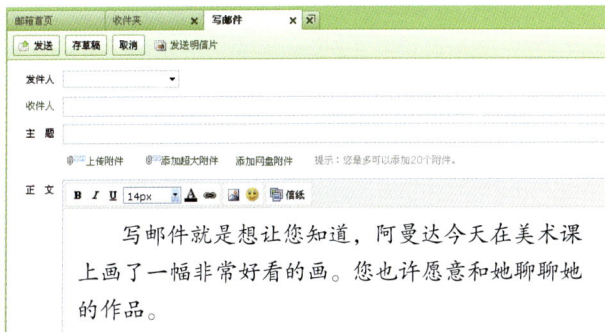

写邮件就是想让您知道，阿曼达今天在美术课上画了一幅非常好看的画。您也许愿意和她聊聊她的作品。

第二封电子邮件是某位家长写的：

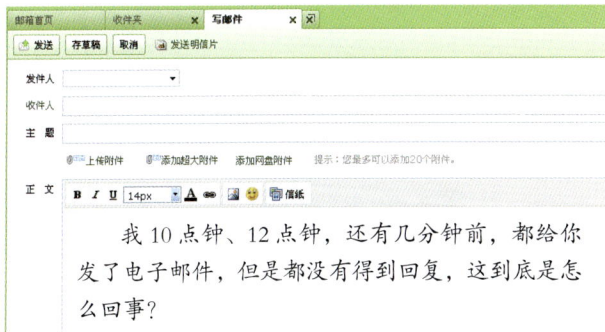

我10点钟、12点钟，还有几分钟前，都给你发了电子邮件，但是都没有得到回复，这到底是怎么回事？

第三封电子邮件是某个老师写给某位家长的：

你明天早上能否来一趟？请把你的几本书拿走。

技术

时事通讯和电子杂志

为什么很多学校的时事通讯办得那么让人失望呢？这是因为，每天都很忙的老师，总是把时事通讯拖到最后一刻才去做，也许是放假前一天才开始着手，所以，时事通讯里的很多新闻早都过时了。

好的时事通讯读起来应该让人觉得是种享受。时事通讯里应该包括哪些内容，在这方面没有固定的界限——你可以任意去想象。为了获得灵感，最简单的办法就是去看20来个其他学校办的时事通讯，并不害羞地偷用别人的好点子！如果设计出色的话，你也可以让家长读一本彩色的时事通讯！

对于时事通讯，这里有几个建议：

❖ 简明扼要，按时发行。

❖ 用一种简单的电脑程序来设计，这样，版面格式设计起来就容易些。

❖ 确保每个班或者是每个年级拿到的是不同版本的时事通讯，或者是增刊，这样，能确保家长们了解以下内容：

　　a) 下个月要学些什么；

　　b) 这些内容将怎么讲；

　　c) 就这些新内容，家长们能做些什么。

❖ 内容里要把学生作品融进去。

❖ 采用大量的图片。

❖ 让家长也作点贡献。

❖ 谈谈学校计划中马上要开展的主要任务。

小贴士

如果你们学校正处在困难时期，或者是国家和国际正在经历区域性或全国性的大事，那就考虑一下是否能每天给学生的家里发送一份简短的时事通讯。

应用

下面的这些字眼用来给你提个醒，你可以就此思考，看怎样能使你们学校的时事通讯按时出版，并且更具活力和可读性！

大小事件

诚挚邀请

耐心提醒

真诚感谢

详细解释

怎样操作

精彩图片

学生作品

漫画园地

漫步旅行

技术

布告栏和展览台

有人说，光凭在接待处待的那么几分钟，他们就能掂量出一个学校的分量。他们的评估依据就是看看接待处是否布置得有条有理——尤其是布告栏和展览台。木质的展览架子里，摆满了各种各样的银色奖杯，这本身就是在向外界传达一种信息。而展览台上的学生作品也同样吸引大家的注意力，当然，学生作品传达的是另外一种信息。

可想而知，布告栏、各种展示品，还有学生作品，所有这些，都代表学校向参观者传达的重要信息。

在如今这样的科技时代，你不能把眼光只局限在这样的展示里。很多学校还配有巨大的电视屏幕，用来刷新静态照片、放电视短片或者是学校网页的一些界面，甚至还有学校的每日新闻报道。

或者，你也可以设计一个富有创意的三维作品，由学生、教师和校友合作设计，或者找雕塑家来设计。

小贴士

在学校里指定一个专门区域，作为家长之间互相交流的地方。

应用

你们学校现在正在展出哪些物品？或者，其他的学校都在展出些什么？你喜欢这些东西吗？你觉得从哪些方面更能提高展览品质？

下面列出的这些内容，你们的布告栏和展览台里有哪些？

☞ 模范人物的图片

☞ 鼓舞人心的格言

☞ 名人警句

☞ 学习窍门

☞ 古怪的问题

☞ 播放着即时新闻的大屏幕

☞ 雕塑

☞ 谜语

☞ 学生还没有完成的作品

☞ 奖品

☞ 获奖证书

☞ 学校里学生和教职工的照片

给你学校的展板进行一次改造吧。这可能是让老师、教学助手和家长来帮助你的好机会。

技术

电话联系

为什么有的老师就是不愿意打电话呢？也许是因为，每天都忙忙碌碌的，没空打电话？

其实，除了面谈之外，打电话是与家长保持联系的最好方式了。而且，如今电话留言和短信都那么发达，用电话与家长沟通比以往要容易得多了。

小贴士

每天设定一个固定的时间段用来接打电话，把你的这个时间段告诉给家长们。

应用

试试下面这些办法：

☞ 特别要注意：每个礼拜至少要给一个家长打电话，讲讲他小孩的进步情况等，这就是"报喜电话"。一定要让每个家庭在一学年里，至少接到两次这种"报喜电话"。

☞ 建立一个联络信息库，随时更新姓氏、家庭电话、工作电话、手机、通话时间等。

☞ 对每次通话内容都要作记录。不管电话里讲的是好事还是坏事，都要记录下通话日期、电话内容、家长的反应等。

☞ 你给家长打的第一个电话，一定要讲好事。你可以试试在每学期开学前，给家长打一个新学期伊始的"欢迎电话"，这个电话往往会取得不错的效果。

☞ 对于那些收到了"家长之夜"的书面邀请却没有任何反应的家长，一定要优先考虑与他们电话联系。你得亲自给这些家长打电话，让他们知道你非常希望他们能来。

技术

家庭作业记录本

在中学里，家庭作业记录本（或者是类似的记录本）是家长与学校之间进行沟通的重要手段。尽管现在的学生认为这种方式非常老套，但是家庭作业记录本确实给了家长以下的机会：

❖ 证实孩子说的"今天没有作业"到底是真话还是假话；

❖ 向任课教师写一点感想或者是提出问题。

在小学里，家庭作业记录本用得不那么广泛，这主要是因为在低学龄段，是否应该留家庭作业还是个有待探讨的问题。然而，很多小学已经认识到了用这种记录本与家长进行沟通的好处。

不论你现在教的是小学还是中学，都有以下这几个关键问题得考虑：

❖ 你布置作业的原则是什么？

❖ 你鼓励布置哪种类型的作业？

❖ 你怎么确认作业的分配对每个学生都是公平的？

❖ 你希望家长做些什么？

- 确认作业布置下去了？

- 帮孩子做作业还是不帮？

- 写点评语？

小贴士

要确保你的家庭作业日记本尽可能的完美。看看来自不同学校的20个家庭作业日记本，找一种最适合你的！

应用

看看下面的这些具体的内容。你希望你所在的学校在家庭作业记录本里包括些什么内容呢?

给家长的几个最佳窍门

怎样才能成为一个好的学习者

你是个怎样的学习者

怎样做周计划

在哪儿做家庭作业

学期日历表

有用的网址

技术

报告

在写学生报告时，你有没有因为想不起来具体是哪个学生，于是就给该生写了一份格外平淡无味的报告？你可曾想过给那些没多少自信的学生的作业打个 E，而给他所下的工夫打个 A 会对该生产生怎样的影响？你有没有停下来认真想过，你们学校发给家长的种种报告，到底有没有用？

英国规定学校每年必须给每个孩子的家长至少发送一份报告（这还不包括学校的年度报告）。这份报告得包括：

❖ 学生在学校里的每门功课的进展情况，学生参加的学校活动的简要叙述，着重叙述学生的强项和发展需要。

❖ 对学生的整体发展的描述。

❖ 如果有家长想要与学校的老师当面谈一谈，报告里要有具体安排。

❖ 对报告中提及的各种活动期间学生出勤情况的简要记录。

在"关键阶段三"和"关键阶段四"时，当局对学校还有额外要求，学校得提供学生的学术能力评估测验（SATS）成绩和中级教育考试（GCSES）成绩。

除了这些看起来有些含混不清的要求之外，中小学校长还可在报告中任意添加内容。

应用

可以用下面的方法来检测学校报告的有效性。

学校报告的有效性分析 学校名称:	
对写报告过程的分析	你下了多大的工夫? 你分析了多少其他学校的报告? 你可曾问询过家长们的意见? 学生自己有没有参与到报告的书写中去? 你多久写一份报告? 为什么写报告?
对报告结果的分析	学校报告有多大用处? 你可曾和家长谈起这个话题? 你把你的报告和其他学校的报告作过比较没有? 在你考虑报告中应该包括哪些信息时, 参考过哪些研究资料? 你们学校的教师们接受过哪些指导和培训?

技术

为了学习的评价

对学生在校表现的评价向来都是很重要的。但因为评判标准常常不是很明确，致使报告往往没把学生的长处和短处写出来，最后总是流于泛泛地说两句"该生还能做得更好"之类的话。

最近出现的"为了学习的评价"说明，上述这种情况完全可以避免。"为了学习的评价"，是搜集和分析各种证据，来帮助师生判断他们现在处于学习进度中的哪一阶段、下一步该往哪个方向走、怎样才能走得又快又好的一种过程。

对于学习者来说，形成和得到有助于他们改进学习方式的反馈，是至关重要的。

虽然你给我写了不少好话，而没有给我打分，但是，这样做你就真的是一个好老师了吗？

应用

用下面给出的"评估为了学习的评价"（Assessment for Learning，简称 A4L）的 10 条标准，问问你自己，怎样才能让家长有效地参与到评价过程中来。比方说，给家长发了报告之后，家长有种种情绪反应，对此你怎么处理？你怎么跟家长解说评价标准？

1. "A4L"应该是教学计划和学习计划的一部分。

2. "A4L"应该以学生怎样学习为核心内容。

3. "A4L"应该成为课堂教学活动的中心。

4. "A4L"应当成为教师的一项极其重要的专业技能。

5. "A4L"应该保持敏感性和可建设性，因为任何评价都会给人以情绪上的影响。

6. "A4L"应该把学生的学习动机考虑进去。

7. "A4L"应该能激发人们更多地参与到学习中去，也应该能使人们理解评价标准。

8. 学生应该能得到怎样提高学习成绩的建设性意见。

9. "A4L"应该能提高学生的自我评价能力，从而使学生更具有反思精神和自觉意识。

10. "A4L"应该能对所有学生的各种成就作出评价。

技术

网络

不久以前，还没几所学校有自己的网页。而现在，几乎每所学校都有。

有的学校的网页只是一点文字介绍材料，配上几张图片。有的学校的网页则允许家长直接与自己孩子的老师用电子邮件联系、在网上订约，或者是在线购买学校校服——所有这些，都由当地商业团体赞助。

那么，你们学校为什么要有学校网页？

我的意思是：建立学校网页的真正原因是什么？下面是一些可能出现的答案：

❖ 因为别的学校有了，所以我们也得有。

❖ 为了给家长看。

❖ 为了给学生看。

❖ 展示学生的作业等。

❖ 让学校看起来更好。

你的答案是什么？

你们学校的老师和学生家长最常去的网站是什么？亚马逊网？ eBay 购物网？这些商业购物网里的哪些内容对你们学校有用？其他教育网站呢？

应用

带着以下问题浏览你们学校的网页：

1. 你们学校的网页是怎样介绍你们学校的？你希望学校网页都包括哪些内容？

2. 你希望学校网页给人留下怎样的总体印象？例如，信息丰富、活泼有趣、双向互动、态度友善。

3. 你觉得学生家长为什么会上你们学校的网页？是为了选学校，还是想跟某个老师交谈？是为了找些信息，还是为了家长自己想学点东西？

4. 你们学校的网页是否便于搜寻信息？

5. 你们学校的网页是不是每一页都有回到主页的链接？

6. 你们多久更新一次网页？

7. 以下列出的各项内容,你们学校的网页里包括哪几条。

☞ 学校路线图。

☞ 学校的校园地图。

☞ 校内外照片。

☞ 学校教职工的照片及对他们的简介。

☞ 给家长的各种信息，包括学校简介和入学信息。

☞ 网上图书馆，包括各种政策文件。

☞ 学生专栏。

☞ 到其他教育网站的链接。

☞ 购买图书和校服的网上商店。

☞ 学生作品的范例。

☞ 对学校大事的详细记录。

☞ 清晰的联络方式。

记住：网页要做得尽可能的简洁！

3 欢迎家长

技术

学校标志和学校空间

为什么很多学校都有这样的一个标志？

> *所有来访者都得先向校方报到！*

还有更糟的：

小心！会死人的！

当然，学校里首先是要保证安全。但是同时，学校也得亲切友善。要做到这一点也很简单，只需要把第一个标志牌改成：

> 欢迎来到圣贝蒂学校！请您直接到学校办公室去作个自我介绍。

此外，把各种电力设施都尽可能地安置到大家看不见的地方去。

在很多小学，家长们聚集在学校门口来接孩子。通常，家长们总是在学校外面的路上等着孩子放学出来，如果碰巧天气不好，家长们可能还得受冻淋雨。其实，这正是一个和家长们交流信息并听取家长们意见的好机会。为什么不在学校里开辟出一个等待区来？等待区里最好林木葱茏，或者是有遮蔽物，再设一些座位、布告栏等供家长们使用。

你怎样才能让家长觉得，学校确实是欢迎他们的？从改变客观环境到提高教学方法，这里提出了很多建议，可以帮助你将"家庭／学校协议"付诸实行。

应用

下列这些标志牌，你希望在校园里看到哪些?

托儿所

欢迎光临

循环使用

技术

在学校接待室的真实体验

回想一下你曾去过的最好的旅馆，让那画面定格在你的脑海里。然后，再回想一下你曾去过的氛围最亲切体贴的医生诊所。回忆一下最好的机场等候室。再回忆一下最好的儿童鞋店。最后，让你的思维任意驰骋，想想到底应该怎样做，才能让一个为了自己孩子的教育而忧心忡忡的家长，在第一次走进你们学校的接待室时就彻底地放心。

好，现在，再来看看你们学校的接待室。你们学校的接待室是不是能和你脑海中刚才出现的那些奇妙画面联系起来呢？你能做点什么简单的事来提高学校接待室的整体水准呢？你能采取哪些根本性措施？

与人打交道时，第一印象至关重要。这就跟学校的客观环境一样重要。所以，是什么人接待你们学校的来访者？这个人是不是有亲和力、友好诚恳，而且讲话得体（就是说他/她讲的话大家都能听懂，而不是文绉绉地咬文嚼字）？最重要的是，他/她得明白，接待来访者绝对是比办公室工作更重要的工作。

应用

　　很多商店都用"神秘顾客"这一招。也就是让一些人扮成普通的顾客，去店里买东西，然后把他们买东西时的经历记录下来。为什么不把这个主意用到你们学校里去呢？当然，给校方解释你的这个主意可能得费点劲儿，而且你得劝服不少人去扮演"神秘家长"。但这样你就可以了解家长们的想法，从而提高接待服务的质量。

技术

家长会

为什么家长会总是在教室里开？让家长们硬挤着坐进小孩子才能坐进去的小椅子里，然后老师仍然是站在讲台上讲话？为什么这种会总是拖上半个小时才能开？真是奇怪，那么优秀的老师们，平时上课都准备得非常充分，但是一到家长会，就好像都没怎么准备似的。也许老师们需要就此进行在职培训。

其实，一切都可以从一个有亲和力并熟悉情况的教师的想法开始。如果你确实是在意家长的参与，你可以把所有的想法都告诉大家，以私人身份发出邀请。如果没有收到家长的回复就直接给他们打电话，并开通网上订约。有的家庭里有两个孩子在同一所学校，如果家长希望能在一天里开两个孩子的家长会，那么就为这样的家长安排一下。

你也许还应想想是否在其他时间也可以开家长会。比如，早上上课前，或者是晚上放学后，还有星期六早上，有时候还可以安排一些家访。

一定要弄清楚，开会的目的是什么。这就好比你上课，一定得有个教学目标一样。

小贴士

家长来开家长会时，你得站起来欢迎家长；散会后，你陪着家长一直走到门边。

如果你能把各种会议变成学校的常规，那是最理想不过的了。或者，每两个星期来一次"家长急诊"，把家长随时可以拜访的时间都公布于众。如果空间允许，干脆设一间"家长室"。

应用

用下面的这个单子，帮助你检查你所做的各项工作，从而开一次成功的家长会。

你有没有：

☐ 把所有家长会的日期至少公布三次？

☐ 确认会场布置得符合成人的审美标准，并且热情友好？

☐ 供应饮料和食物？

☐ 提供托儿服务？

☐ 亲自邀请每位家长？

☐ 如果有的学生的父母离婚了或是分居了，是不是给父母两人都发出邀请？

☐ 可曾考虑过，有的人可能需要第二语言服务？

☐ 考虑过这次会议要达到什么目的？

☐ 把学生的作业展示出来，让每个人都能清楚地看到？

☐ 想过散会之后该怎样继续强化这次会议的效果？

☐ 想过在开会过程中助教该发挥怎样的作用？

☐ 在近期是否参加过各种培训？

☐ 有什么窍门可以和同事们分享？

技术

公开课

管理大师查尔斯·汉蒂（Charles Handy）认为，如果要对课堂进行保密，那可能会相当危险。现在，想对课堂进行保密也已经不可能了。助教、其他教职人员、来学校视察的巡视员，还有很多其他人员，随时都有可能走进教室来看你怎么上课！

但是，家长们反倒没有机会哪怕是瞥一眼，看看教室里到底在讲些什么。家长们都觉得和他们小时候比起来，如今的教育真是变化太大了，变得简直令他们都不懂了。要想改变家长的这种想法，最简单的方法就是在一学年里，举办一系列面向家长的公开课。

很多教师对于要在家长们面前教书，总是觉得底气不足。这是可以理解的。因为面对学生，老师们总是有另外一种沟通方式，而在成人面前展示这种沟通方式，可能会让老师们觉得不太好意思。要想克服这个困难，最简单的方法是告诉老师们，每个老师都得上公开课，这样就让大家觉得上"公开课"是件自然而然的事情。

应用

准备一堂面向家长的公开课，其实跟你准备一堂面向学生的公开课，没有什么大的区别。

1. 明确教学目的

你希望家长们学到点什么？比方说：让家长了解一下我们是怎么教阅读的，然后，家长就能明白他们能从哪些方面给我们以支持。

2. 推销想法

你怎样让家长们参与进来？你可以亲自邀请家长。让几个家长来充当你的说客，或者让学生自己去劝说家长来参与。

3. 要具有亲和力

尽管你得让学生们保持安静，但是你会发现，要想让成人在课堂上开口可真是难啊！你要尽可能地具有亲和力，这样才能打消他们的顾虑。你得反复强调，大家凑到一起不为别的，就是为了找点乐趣。

4. 要务实

不要讲过多的废话。相反，让家长们亲自去完成一个具体的任务，然后向他们解释，通过这项任务展示了你的哪种教学法。或者更好的做法是，让家长自己形成结论或观点。

5. 让公开课成为家常课

给家长们提供多次参与公开课的机会。非常奇怪的是，你公开课上得越多，你就越不紧张！

技术

家庭日

在美国，"家长教师联合会"（Parent Teacher Association, 简称 PTA）已经开始展开"带家入校周"（Take Your Family to School Week）的活动。英国的"学习运动"（Campaign for Learning）也鼓励在"家庭学习周"（Family Learning Week）活动中，家长们应参与到自己孩子的学校生活中去。

但是，如果搞一个星期的活动，时间就有点太长了，那么，为什么不试着只活动一天？有的学校是在周末开展家庭日活动，尤其是在夏季天气非常好的时候。为什么不试着大胆些，就找个平常的周末，让家长们来学校体验一下校园生活？

当然，如果你对学生的父母（以后甚至还可能包括学生的爷爷奶奶）打开校门，从严格意义上来说，搞活动的当天就不可能是平常的一天。就把这一天当成是你们学校的"平常一日"吧。

就算是只活动一天，也需要周密地计划，还需要方方面面的人力支持。为这一天，得好好提前准备。你可以试着和其他已经举办过类似活动的学校联系，去了解一下他们都有哪些建议。

应用

"家庭日"那天你能做些什么呢？以下这些点子给你提供一些参考。

☞ 给家长和学生准备早餐。

☞ 由学生为家长提供午餐服务。

☞ 做一顿饭。

☞ 操场上的数学游戏。

☞ 一起读点书。

☞ 进行一个教育术语小测验。

☞ 做关于教学风格的问卷调查。

☞ 学生带领着家长参观校园。

☞ 在学校的地上做出道路指示标志。

☞ 搞点跟音乐有关的活动。

☞ 学生和家长一起上一堂艺术课，并进行展示。

☞ 把家长们多年前上学时的照片进行展览。

☞ 上一堂公开课。

☞ 邀请诗人、艺术家、科学家来参观学校。

☞ 为"家长教师联合会"布展。

☞ 当地教育新貌展览。

技术

家校协议

在英国，法律规定很多学校都得达成家校协议。法律规定：

❖ 所有注册了的学校城市科技学院和城市工艺美术学院等，都得采用"家校协议"和"家长联合声明"。

❖ "家校协议"是一个声明，它用来解释：学校的教育宗旨和教育理念；学校对该校的学龄儿童所负担的责任；学生家长所负担的责任；学校对学生的期望等。

❖ 在采用或者是修改"家校协议"之前，政府机构一定要咨询校内所有登记注册了的学龄儿童的家长意见。

❖ 政府机构一定要确保校内所有登记注册了的学龄儿童的家长签署了家长声明，以确保这些家长已经理解并接受了协议内容。

［摘自：《1998 年学校标准与架构法案》（The School Standards and Framework Act 1998）］

英国的教育与技能部（Department for Education and Skills, DfES）要求政府官员考虑以下这些方面：

❖ 你可曾问过家长们对学校有哪些期望？

❖ 你对家长们有什么期望？

❖ 你可曾问过家长们对学校的印象怎样？

❖ 你怎样让家长们参与到学校活动中去？

❖ 为什么有些家长没有参与到学校活动中去？

应用

☞ 你怎样才能和那些不太积极的家长们建立起有效的合作关系？

☞ 你怎样协助家长们去帮助他们的孩子？

☞ 哪些是教师与家长合作中优先处理的事情？

☞ 你们学校是怎样听取学生意见的？

（摘自："家校协议"，"给学校的指导"）

在制定"家校协议"的过程中，教育与技能部建议按以下这些步骤走。

1. 和政府机构或者是政府官员联席讨论。

2. 和教职工、合作组织讨论。

3. 征求家长和孩子的抚养人的意见。

4. 咨询那些英语不是母语的家庭。

5. 咨询学生的意见。

6. 起草协议的草稿。

7. 和所有的家长和孩子的抚养人探讨协议草案的内容。

8. 和学生讨论协议草案的内容。

9. 修改协议。

10. 得到政府官员的最终批准。

11. 安排家长们来签署协议。

12. 和学生一起把协议付诸实施。

（摘自：www.standards.dfes.gov.uk/parentalinvolvement/hsa/hsa_how）

在刚引入这样的家校协议时，有的学校遵循着这种程序，之后学校就很少这么按部就班去做了。然而，对绝大多数学校来说，每年签一次家校协议实在没什么意义，签署它也只是表面遵守，而非实质遵守。

技术

小学 VS 中学

在英国，制定《每个孩子都重要》（*Every Child Matters*）的立法机构介绍了学校应该考虑的另一些思考维度。这个立法机构认为，当学生要求以下这些方面时，学校一定得大力支持：

❖ 身体健康

❖ 保证安全

❖ 享受乐趣并获得成功

❖ 作出有益的贡献

❖ 改善经济福利状况

根据学生年龄的不同，家长参与学校生活的程度和性质也随之变化。在初级阶段，得鼓励家长做一些简单的学习辅导，比方说，每天给孩子读点东西听。然后，随着孩子年龄的增加，参与的方式有所变化，比如，家长可以着眼于怎样才能更好地帮助孩子养成一种健康的生活习惯。

应用

当孩子进入青春期时，家长们就会感到另外的社会压力！

老爸，我告诉你了穿着要得体！

☞ 为了让家长更多地参与到学校工作中，想出五个新的办法来，在你们学校里付诸实行。

☞ 和家长们开个座谈会，讨论一下怎样才能更好地发挥他们的作用。

技术

不同形式的家长参与

粗略地划分，大概有四种家长参与的形式是你可以大力提倡的。这些形式的家长参与，也能够帮助你更好地思考你们学校的协议。下面提出的这些内容，有的难免会促使老师们去考虑敏感话题，比如，个人生活方式的选择等。

1. 家庭学习

❖ 提供一种类似家庭的环境，来帮助学生更好地发展。

❖ 找到怎样帮助孩子们提高学习效率的办法。

2. 有效育儿

❖ 确保孩子有足够的睡眠和营养丰富的食物。

❖ 营造情感氛围，在这样的氛围里长大，孩子会变得更加自信。

3. 学校全体教职工的大力支持

❖ 通过参加会议和加强交流来和教师们好好合作。

❖ 加强学校关于统一校服的规定。

❖ 参加学校的各种活动。

4. 志愿者

❖ 通过某种方式来参与到学校生活中去。比如，学校学生外出活动时，你也可以以成人身份参加。

❖ 承担一个正式的角色，以此来成为"家长教师联合会"的一员。

当你审视协议的有效性时，你可以考虑上述的这几条，以便帮你决定运用哪些具体手段。下面一页是一些具体的建议，你可以考虑运用。

小贴士

关于让家长参与到学校生活里来的最重要的一步，是每个学校都得有一个立意清晰的付诸文字的详尽计划。你们学校有吗？

应用

很多家校协议包含若干声明。如果你决定更新你们学校家校协议中的声明的话，那么，参考一下以下的这些内容。

家长同意做到以下这些：

☞ 确保自己的孩子好好上学；

☞ 看着孩子准时到校；

☞ 孩子不能到校上课的话，一定要通知学校；

☞ 支持学校制定的学生行为规范；

☞ 支持孩子完成家庭作业；

☞ 在家里创设良好的学习氛围；

☞ 要保证孩子在周末也按时睡觉；

☞ 参加家长会；

☞ 答复学校寄来的信函；

☞ 如果对自己的孩子有任何担心忧虑的话，要跟学校谈。

学生同意做到以下这些：

☞ 对待学习，永远力求做到最好；

☞ 对待他人，时刻谨记要有礼貌并体贴；

☞ 总是享受学校生活并帮助他人也做到这点；

☞ 跟家人谈谈你在学校都学了些什么；

☞ 完成老师布置的所有家庭作业；

☞ 守时；

☞ 如果对哪些事情感到不开心的话，会跟老师谈谈；

☞ 努力去锻炼我的学习"肌肉"。

4 给予实际支持

技术

俱乐部

过去几年里，早餐吃什么、作业怎么做、课外活动怎么开展等话题都能引起人们极大的兴趣。与此同时，很多学校发现，由于教师们的要求越来越多，像以往那样的午餐时间和课外活动是越来越难以维持下去了。

"早餐联谊会"是一个好主意。早上，家长送孩子到校后，孩子们可以在上课前一起吃早餐。"早餐联谊会"可以由学校里的工作人员或者是其他具有资质的活动组织者来负责管理。令人惊异的是，我们发现，每五个孩子中就有一个，在早上离开家时，肚子是空空的，他们什么都没有吃就到学校来了。有"早餐联谊会"的学校，后来都发现，学生的出勤率提高了，学生上课时的注意力更集中了，身体也发育得更好了。"肯特有"（ContinYou）慈善机构（www.continyou.org.uk）列出了若干好的信息资源，用来帮助学校建立"早餐联谊会"。

"课外活动小组"，是指学生们在一天的课程结束后，可以聚到一起的一个小团体。通常，这个团体的活动时间是从下午三点半到六点。一般来说，这种团体都是由具有资质的活动组织者来主持，他们安排一系列的游戏、体育活动和手工制作等。有时候，辅助人员也会陪着孩子们一起到俱乐部去。"家庭作业小组"，顾名思义，通常给那些不能回家的学生提供一对一的帮助，对于那些希望能得到更多帮助的学生，"家庭作业小组"也给他们提供帮助。

有很多实用的方法可以帮助家长们。浏览一下下面这些方法，并尝试一些新的方法。

应用

按照下面的步骤去做，建立起你们学校自己的"早餐联谊会"。

步骤一：决定你想要建立哪种类型的"早餐联谊会"。

☞ 谷物、烤面包片、果汁——这些都很容易去做，不需要麻烦厨师。

☞ 备餐室／小卖部——这更像是学校平时供应的午餐，需要伙食班的人忙这些事。

☞ 社区厨房——这是供社区使用的厨房，但是也能供家庭使用。

步骤二：计划。

☞ 你们的"早餐联谊会"是给谁办的？

☞ 你们的"早餐联谊会"将由谁来管理？

☞ 你们的"早餐联谊会"将由谁来资助（当地的教育机构有时候能帮上忙）？

☞ 你们的"早餐联谊会"将设在哪里？

☞ 你们的"早餐联谊会"打算什么时候开始？

☞ 你将怎样把你们的"早餐联谊会"推向市场？

步骤三：得到支持。

在和尽可能多的家长、学生谈你的想法之前，你得把"早餐联谊会"的所有好处都列举出来。

步骤四：创立你们的"早餐联谊会"。

祝你好运！

给予实际支持

技术

家长学习班

过去几年里，学校已经意识到，除了教育学生之外，学校还可以帮助家长继续学习成为终生学习者。如果你能让家长参与到学校活动中来，并让家长参与到他们子女的教育中去，就有可能提高学生在各方面的表现。这样，你会发现，家长真的开始更加理解你的所作所为。

当然，成人的学习方式和孩子们不同。成人有很多个人经验，但有些经验是负面的。关于教育和育儿，家长们可能都会有他们自己的顽固意见。他们还有很多其他责任和其他更得优先解决的事情要处理。所以，你要创办的学习班就得和家长的这些事情争个先后。而且，家长们一定非常急于知道，他们在你们学校所学的一切是否真的有用武之地。

应用

当你和家长们开会时，你得像个"干事"，而不是像个"老师"。考虑下面列出的这些该做的和不该做的事。

1. 直呼家长的名字。

2. 谨记我们都是用不同的方式在学习。

3. 尽量减少家长们的焦虑，鼓励他们积极参与。

4. 参与时，要注意安全。

5. 避免像个老师似的"谆谆教导"。

6. 要意识到坦率真诚的交流、愿意给予帮助的沟通及身体语言的重要性。

7. 遣词造句时，一定要好好想想。

8. 避免打上"没什么用"的标签，也要避免急于下结论。

9. 当你要把家长们分组时，要格外留神你都把哪些人分到了同一组。

10. 当你要举出个案或者具体例子时，你可得小心，因为家长们很容易以为这就是"最好的"或者是"唯一的"方式。

技术

帮助家长成为"课业指导"

当家长们问你，他们应该怎样帮助孩子时，你是怎么回答的？也许，你会跟他们谈谈孩子的家庭作业或者更具体一些的事情，比如阅读。这些方面的内容当然都有益处，但是，你也应该考虑协助家长们变成行之有效的"课业指导"。

"课业指导"就是要帮助学生发现自己是怎样学习的，而且还要思考怎样才能提高学习效果。每个家长都可以成为孩子的课业指导，给孩子各种反馈，并把这种反馈当成日常生活里的一个自然而然的组成部分。学习上的指导应该强调正面信息。家长们还应该学会一次关注具体的某一点，而非笼统地下结论。关键是要关注孩子当下正在做的，而不应该批评孩子的个性。

注意把握时机也很重要。你越及时地对一件事情给出反馈，效果就越好。但是，如果孩子非常沮丧，那么，就最好还是先让他冷静下来，再跟他谈，这样效果会更好。

小贴士

你可以试试自己的"尊重"（RESPECT）方式（见下页）。然后在家长会时使用这一方法。让家长与自己的伴侣或其他学生的家长进行成对练习。让他们感受积极评论带给人的身心愉悦。

应用

构成"尊重"（RESPECT）的七个字母，实际上指的是给孩子（或成人）提建议和给出反馈意见的七种方式。

确认 (Reassuring)："我明白，你认为这是完成这件事的一种好的方式……"

热情 (Enthusiastic)："我真是喜欢你这样的做法……"

坚定 (Steady)："那没什么，我会等着你重新开始……"

实用 (Practical)："我得看看，如果我们再尝试一遍的话，会是什么样的结果。你站到那边去，让我来……"

投入 (Engaging)："让我先来试试，然后你再来……"

清晰 (Clear)："你挪手的时候，得慢一点，要不，你就会把你刚写好的字给蹭脏了……"

真实 (Truthful)："你左脚踢得没有右脚踢得好……"

［摘自：网络教育出版社出版的《帮助你的孩子成功》(Help your Child to Succeed)］

设想一些具体的场景，来练习把上面的这些话讲出来。如果你想让你的练习更有意思，可以这样：找一个人，在他身后三步远的地方放一个篮子，然后，你教他怎样抛起网球，让球越过他的肩膀，投进身后的篮子里。

这个练习会使你(还有其他家长)确信，即使你不是专家，你也能成为一个优秀的课业指导。

技术

帮助家长在家里营造学习氛围

你是否曾经这样想过：在学校里和课堂上那么费劲地忙活半天，根本没什么效果，因为学生一到家，所有课上教过的东西全都忘了个一干二净。一想到这，你脑子里就出现一幅画面：有的学生家里，电视机一直开到深夜，学生不到睡觉时候根本不关电视。

大多数老师都会给家长以各种建议，但是又不愿给人留下爱轻易下结论的印象。谈到"家庭氛围"这一话题时，有这么一个不错的主意：你可以像在家长学习班会上一样，用些比较和缓的字眼。你可以先问问家长们，他们是不是还记得他们小时候，家里的布置摆设是怎样的，然后让家长谈谈他们现在家里是什么样的。

在家里的每个房间里都可能展开教育活动，家长就是孩子的第一任教师和最有影响的教师。在厨房，做饭时就能指导孩子学些数学。大家坐在一起吃饭时，就是家里人一起谈话和计划未来的好机会，这时可以通过做文字游戏来使整个过程变得妙趣横生。甚至在卫生间里，也能学点简单的科学知识。

你想和家长讨论的问题可能包括"能看多久电视"、"能否用电脑"、"能否上网"、"孩子何时上床睡觉"、"怎么培养孩子的阅读习惯"等。提出这些问题时，你不要摆出一副高高在上的样子，而应该把自己当成家长的朋友。你越能表现出家长需要和老师们联手共同面对"应该怎样充分发挥家庭的作用"等类似的棘手问题，效果就越好。

应用

让家长好好观察一下自己的家，看看怎样能充分利用空间。用下面的这种简单指导，来看看怎样能完成这种对自己的家的重新评价：

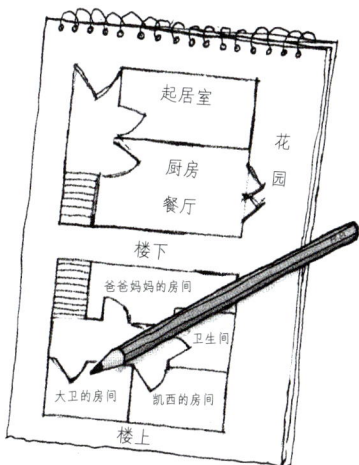

（摘自：网络教育出版社出版的《帮助你的孩子成功》）

1. 做一个家里居室的平面计划

2. 全家一起讨论，看看每个房间里，都能为孩子的教育做些什么。

3. 在粘贴纸上写上各种活动名称，然后把纸贴在相应的房间里。比如：

   ☞ 在厨房里学做饭。

   ☞ 在客厅里用电脑。

   ☞ 到花园里去观察植物。

   ☞ 通过观察厨房的瓶瓶罐罐，来了解吃的都是怎么做成的。

鼓励家长们谈谈他们在家里订的规矩，比如，让孩子们看多久电视，让孩子们怎么用电脑等。对于有的家长想在孩子的卧室里放电视机和电脑（如果能上网的话）的想法，你可能得建议他们别这样做。

技术

帮助家长开发身边的教室

问问你自己，你在哪儿能找到离你最近的：

- [ ] 图书馆
- [ ] 博物馆
- [ ] 历史故居
- [ ] 农场
- [ ] 动物禁猎区
- [ ] 美术馆
- [ ] 剧院
- [ ] 电影院
- [ ] 休闲中心
- [ ] 大学
- [ ] 运动俱乐部
- [ ] 向导小组
- [ ] 网吧

如果你找不到上面列出的这些地方，那是为什么呢？很多知识都不是在正规场所里学到的，就看你有没有兴趣。很多学校一进门，就有很多可用得上的学习资源，但奇怪的是，没有几所学校把这些资源介绍给家长。

为什么不这么做呢？——学校可以设一面墙上地图，标出在哪儿能找到当地的教育机构；再在一个陈列架上，摆出家长能用得上的各种小传单。

小贴士

和你们当地的机构建立特殊的联系。如果可能，了解他们有关的折扣信息。

应用

　　仔细观察大比例尺的当地地图。思考一下大多数家长想步行去哪里短途旅游？乘公交车旅行的话想去哪里？坐火车或是开车的话，又想去哪里？

　　在地图上标出一个范围大小差不多理想的区域。然后，在这个区域里，系统地找出都有哪些教育资源可以利用，并绘制一幅"家门口的教室"的地图，把这幅地图放在你们学校的接待区。

北

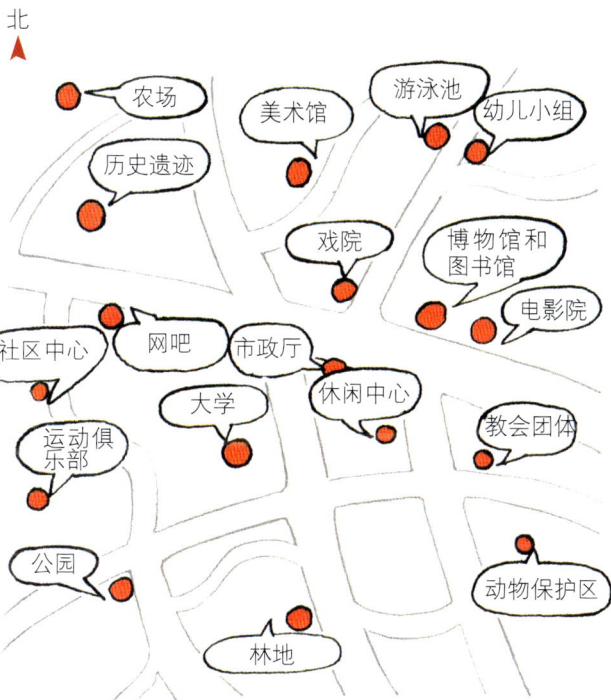

农场
美术馆
游泳池
幼儿小组
历史遗迹
戏院
博物馆和图书馆
电影院
社区中心
网吧
市政厅
休闲中心
大学
运动俱乐部
教会团体
公园
动物保护区
林地

（摘自：网络教育出版社出版的《帮助你的孩子成功》）

技术

行为管理

当孩子行为出现问题时，家长和老师很容易会互相指责。作为不同的个体，家长和老师对于什么是"可接受的行为"当然会有各自的理解。

然而，实际上，家长和老师是自然而然的同盟，双方谁都离不开谁。家长和老师越是能轻松地探讨怎样面对共同的难题并且分享窍门，孩子被养育和教导得就会越好。

很多学校都有校规；但很多家庭却没有家规，就算是有，也是非常松散的规矩，对这样的所谓"家规"，各人都有各自不同的解读。

在家长研讨会上，问家长们类似下面这样的问题是一个不错的出发点：

❖ 你希望你的孩子有怎样的行为举止？

❖ 你希望孩子的行为在哪些方面有所改变或完善？

❖ 你们家里有家规吗？如果有，是什么样的家规？

❖ 如果你的孩子行为不当，你会怎么做来阻止他们？

应用

在家长研讨会上，和家长们一起分享下面这五个简单的窍门。逐条解释这五个窍门，然后问问家长们，对此有何评价。家长们有的可能已经在用这些窍门了，也有的可能有些想法，正想跟大家谈谈。

1. 抓住孩子成功的那一瞬

当孩子成功完成一件以前他们觉得困难的事情时，你得抓紧机会夸奖他们。"你能这么沉着，真好！""你能那么耐心地等着我们吃完，真是让我很高兴。"

2. 深入探讨事情本身

在事情真正发生之前，和孩子模拟一下事情真正发生时的情景。这种方法有助于孩子到时能从容应对、举止得体。

3. 态度要坚定不移、合情合理、冷静自若

你得弄清楚你的底线是什么，然后就要一直坚持到底。说完"请你现在关掉电视"之后，往往是你亲自去关掉电视。当然有时候，花一分钟来"冷静"一下也很有必要。

4. 转移一下注意力

有时，最好能换个房间，换个主题或者是用一种调皮的语气来跟孩子说话，而不要总是下命令。

5. 让孩子亲身体验一下他们行为的后果

如果想让你的管教马上奏效，那你就得偶尔用一下惩罚。你把惩罚的原因讲得越清晰，效果就越好。而且，定好的规矩就不要变来变去，一定要保持前后一致。

技术

培养孩子的读写能力

在提高读写能力方面虽然已有一些成功举措并取得了一定成效，但很多成人还是对这一领域缺乏信心。很多成人觉得"读写能力"不就是"阅读能力"加上"书写能力"吗？关于怎样教授阅读的很多争论，还有教学领域的百家争鸣等，都无济于事。

而以下这两点对你会有所帮助。你一定得弄清楚：

1. 你希望家长做些什么来帮助你？

2. 有哪些事情，是你自己没空去做，而可以让家长们去做的？

在第一点里，最有效果的就是鼓励家长给孩子们阅读或者是和孩子一起阅读。激发起家长们对书籍和阅读的兴趣，这真是每个老师的愿望。

在第二点里，你可以列出优秀读物的书单来，推荐好的网址并且鼓励所有的家长都去当地的图书馆借阅。你可以列出有趣的文字游戏，有的是简单的自创的游戏，有的是借鉴别人的。你还可以办一个"故事布兜银行"（见下页），家长们可以把它带回家。你可以设计很多这样的故事布兜，也可以鼓励家长们这样做。

应用

"故事布兜"就是一个大的布兜，里面装着一本故事书，还有很多跟故事有关的小玩意儿，如木偶、软乎乎的玩具、地图、图片、磁带或者是CD，还有各种小游戏等。这些东西都能帮助孩子对故事书产生极大的兴趣。

1. 挑一个故事，这个故事得适合孩子的年龄和性别。

2. 找一个大布兜，并且把布兜装扮得漂漂亮亮的（用旧的枕头套，效果会很不错）。

3. 往大布兜里放以下这些东西：

    ☞ 关于故事的CD，磁带或者是录像带；

    ☞ 用来做木偶、玩游戏、戏剧小道具和戏剧用服装的各种零碎物品；

    ☞ 一本介绍故事发生的背景和故事中所涉及的史实的介绍读物；

    ☞ 故事的发生情形或是发生场所的照片；

    ☞ 跟故事有关的地图；

    ☞ 跟故事有关的小游戏或者是小玩具；

    ☞ 跟故事有关的人造制品；

    ☞ 跟故事有关的各种彩色书籍。

技术

培养孩子的数学能力

对一些家长来说，现在的数学课和他们小时候上的数学课真是有着天壤之别。所以这些家长不想从任何方面去尝试着帮助孩子。为了让家长们心里有底，你可以先组织几堂公开课，让家长们看看你是怎样讲授加减乘除法的。这些公开课可以一年定一个不同的主题，比如，某一年就可以讲几何形状或者是方程式。

就像读写能力一样，关键是你得弄清楚你的期望值是什么，然后，你再给家长们提出诸多建议，让他们自己选择。

最重要的是，你得鼓励家长们用玩游戏的心态抓住每个机会开展数学教育。这可以是玩游戏（比如下国际象棋、西洋双陆棋、纸牌、飞镖、多米诺骨牌、战舰游戏等）、去购物、告诉彼此几点钟了、研究足球联赛和橄榄球联赛的时间表、制订假期计划等，还有参加很多其他公众活动时，都可以开展数学教育。

小贴士

把所有你希望家长们在家里开展的各种数字游戏列个单子，然后，定期地把家庭操作建议寄给家长们，让他们自己去尝试着做。

应用

让家长们在学校里待一个早上或一个傍晚，让他们在这段时间里亲身经历一下学校里的各种数学小游戏，这样一来，家长们以后就能在自己家里开展这些活动了。下面是五个例子，当然，你可以想出更多活动来。

☞ **游戏**——蛇和梯子、纸牌、飞镖、多米诺骨牌，还有其他各种主要靠数字、数数、计算、积分等来玩的游戏。

☞ **喜好**——对汽车的不同大小的引擎、省油多少、开车速度、行进性能等进行比较；把每周排行榜里的每张唱片的上榜周数数出来；涉及计数、计时、测量的运动。

☞ **图案和形状**——观察地板、壁纸、植物、动物和建筑物上的图案和形状；把一个全都是由三角形、长方形或者是正方形组成的物体给画出来，或者是给它拍张照片；让挂在衣架两端上的小装饰品的重量平衡。

☞ **时间**——使用钟表测量一下，看看每个活动得花多长时间；算清楚到下一餐饭之前，过去了多长时间；也可以考虑使用日历和日期；做一张时间表，把家里所有人的生日都标出来；用上月、周、日，甚至是小时、分以至于秒这些时间单位。

☞ **做饭**——准备很多菜谱，兴味盎然地称重量等。

技术

学校过渡

很多学生小学毕业后一进中学，他们的课业成绩和自信心都出现了下滑而非提高了。这真是一个令人惊异并忧心的事实。因此，如何给孩子找合适的幼儿园和小学，对任何一个家长来说都是不小的压力。

很多学校为了让学生适应新环境并把种种不可避免的不适应的概率降到最低，而想尽了各种办法，也取得了很好的效果。除此之外，学校还能做些什么呢？答案简单到了简直像是骗人的地步。答案就是：学校投入时间精力来帮助家长，让家长们尽力帮助孩子完成过渡。

在这些过渡时期，家长们肯定都是尽全力帮助孩子完成过渡，但是，他们经常会因为不熟悉情况和不够了解信息，而觉得筋疲力尽。有这么一种效果很好的做法，就是学校给所有新生的家长一个包裹，里面全是他们用得上的各种各样的能成功完成校间过渡的资料和信息。包裹里还有一封热情洋溢的欢迎信和对学校的基本情况的介绍，你还可以用到本书第 16 页和第 22 页的信息和一系列实用的建议。

应用

你可以建议家长们尝试的各种办法有：

☞ 怀着积极心态期待能顺利完成过渡。

☞ 在开始过渡之前相当长的一段时间内，就有意识地培养孩子尝试新事物。

☞ 尽可能多地参观新学校。

☞ 参加学校为欢迎新生和新生家长而举办的各项活动。

☞ 试着到新学校去，最好是走着去。

☞ 和去年入学并成功完成过渡的学生见个面。

☞ 谈谈个人的感受，强调一下对于孩子来说，面临过渡而心生焦虑是非常自然的。

☞ 孩子有顾虑时，建议他们做两三件实实在在的事来克服顾虑。

☞ 计划一下，为孩子添置哪些在新学校里要用的东西，并和孩子一起去买回来。

☞ 如果你平时得上班，那么，在孩子新学期刚开始的头几个早上，你看能不能请个假，这样你能更好地帮助孩子。

☞ 对于那些要升中学的孩子，和他们坦诚地谈谈选学校的事。

学校还能做很多事情，你也能帮着完成不少事。比如说，去见见去年入学的学生等，这是很有实际意义的。

技术

通向专家服务之路

当孩子需要专家的专业帮助时，很多家长往往就懵了。在你们学校，又有谁能提供这种额外的专业帮助呢？就近是否还有其他教育服务呢？是不是每个老师都能回答上面这两个问题呢？如果老师们都不能，那家长们就更不可能回答得出了！

在英国，所有的学校都得知道《对特殊的教育需求之定义及对其进行评估的实施行为准则》（The Code of Practice on the Identification and Assessment of Special Educational Needs）。这一准则1994年开始生效。1996年，《教育法》（The Education Act 1996）也明确规定，当学校针对有特殊教育需求的学生制定相应措施时，学校必须得清楚《实施行为准则》里是怎么规定的。

学校一定得告诉家长们下面这三条：

❖ 学校里是哪些老师负责有特殊教育需求的学生。这些老师，通常被称为"特殊教育需求协调员"，或者是简称"SENCO"（Special Educational Needs Co-ordinator首字母的缩写）。

❖ 学校会为有特殊教育需求的学生做出种种安排，包括学校是怎样一步一步地给予这些学生以帮助。

❖ 学校计划怎样和家长密切合作。

（摘自：1996年版《教育法》）

应用

为全体家长制定一张流程表，并展示给家长看看，你是怎样一步一步地走向专业服务的。

你也可以用下面这些方法，来一步步地拓展起你自己的专业服务：

1. 跟任课教师或者是年级导师谈谈。

2. 和学校里负责特殊教育的老师谈谈。

3. 如果有必要，学校在校外专家的帮助下，会把你孩子的特殊教育需求的相关信息搜集全，并把已经采用的各种举措也呈给校外专家一起探讨，从而考虑给你的孩子提供哪些进一步的帮助。

4. 然后，你孩子的老师和校外专家，坐到一起制订一份个人发展计划。学校会紧密关注你孩子的表现，并把每一点进步都详细记录在案。学校会通知你各种新的进展，并邀请你来做他们的会议评审。

5. 评审结果，可能会是你孩子的进步并没有预期的那样快。校方会决定是否有必要让当地教育机关来为你的孩子写出一份法定评估材料。这份材料可能会得个结论出来。

6. 只有很小一部分学生（大概只有2%的概率），是真正需要接受复杂的特殊教育的。他们需要额外的教育资源和教育帮助。

5 发挥家长的参教功能

技术

时不时地帮助

你对学生的家长们都有哪些期待？你想让家长们怎样参与到学校活动中去？你们学校是不是有一些很积极的总是准备提供帮助的家长？如果是这样的话，你有没有问过其他家长，为什么他们不愿意帮忙？

绝大多数学校都希望能得到更多的这种"时不时地帮助"。家长们可以在学校的低年级做点他们喜欢做的事，比方说，做做监考人员。当然，是找家长来做志愿者，还是找专业人员来做，这可是个很有意思的问题。但是绝大多数教育家们都会认为，让家长参与进来，能极大地丰富学生的校内生活。这是学校里的正规教育所提供不了的。

很多家长只是不知道他们能参与到哪些活动中去，而且担心会太耽误时间。还有些家长，从来不知道如何以一种适合他们自己的方式参与到活动中。

有这么两条建议。（1）提早入手。在孩子还在小学或中学时，就培养家长的参与习惯。（2）提供一个清晰的单子，列出来家长能做的志愿者工作，同时，得写清楚每项工作大概得花多长时间，还有，把你希望得到哪种类型的帮助也列清楚。

对家长来说，参加家长教师联合会（PTA）只是他们扮演的众多角色之一，但是对很多家长来说，这个角色并不怎么吸引人。为了学生的利益，你需要发挥创造性思维，想出更多的方式来，从而更好地利用家长们的技能和潜力。

应用

通过问家长几个简单的问题，来做一份记录家长的能力和家长们何时有空的登记表。可以用问卷调查的方式来搜集这类信息。也可以同家长在电话里交谈来完成。还有，网上问卷也可以！你可以向家长解释，为了能更好地鼓励家长多和孩子一起分享快乐，所以你非常希望能多多地发现家长的潜力。

可以用以下这些问题来发掘学生家长的潜力：

☞ 你是否从事任何体育活动或者当过某种运动的教练？如果有，是什么？

☞ 你有没有任何有可能让孩子感兴趣的嗜好？

☞ 你喜欢给孩子们读书吗？

☞ 你的工作，是否属于那种孩子们希望能更深入了解的工作？

☞ 每个月里，你是不是能抽出几个小时来帮助学校做点事情？

☞ 一天里，哪个时间段对你来说是最方便的？

☞ 我们能做些什么来帮助你，使得你能更方便地抽出点时间来帮助学校里的学生？

技术

午餐时光

吸收家长成为学校午餐的管理人员，并给家长付点报酬，这是个不错的主意。除了显而易见的管理职责之外，你可以鼓励家长多承担一些责任。比如：

❖ 建立一个社区厨房；

❖ 教给孩子们玩一些户外的传统游戏；

❖ 给孩子们读书；

❖ 和孩子们一起放音乐听；

❖ 和孩子们一起种花，搞点园艺活动；

❖ 鼓励家长们多参与学校活动。

你可以鼓励家长在午餐俱乐部里多做点志愿者工作，甚至由家长来管理午餐俱乐部。显然，这样的话，家长得通过安检，但是这并不妨碍有兴趣的家长参加。

你也可以在这段时间里让一些孩子的父亲们组织运动或计算机活动，甚至在第一次的时候就将他们组织成一个短期的俱乐部。

应用

　　很多学校发现，家长们参与学校活动往往都做得首尾不符。他们来学校时，脑子里想的是要完成某个工作，结果却发现，完成的是另一项工作。所以，如果你给家长们创造出个人学习机会，他们也许反而会参与到其他事情上去？如果这种难题发生了，你为什么不试着从中发掘出积极因素呢？

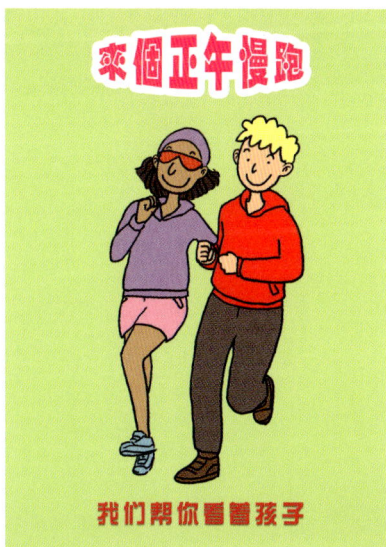

技术

学校组织的旅行

你是否能每个学期都写出这样的一封信来？

"在这封信的开头，我想对那些在过去几周里，用各种方式帮助过我们的所有家长们，诚挚地说声'谢谢！'我知道有的家长组织起来去了大教堂；有的去了音乐节的排练现场；有的参加了户外徒步旅行；有的协助我们完成了各种户外体育运动项目；有的在我们的'科学周'中，帮着整理野生植物，并协助完成各种科学调查。所有这些，都极大地丰富了我们学校的课程。没有你们家长的帮助，我们根本不可能完成这些任务。多谢各位！"

或者，你已经认识到：

尽管法律明文规定，学校的管理得做到能"代替父母"，但是，总是有一些老师，并不那么乐意让家长一起参与到学校组织的旅行中来，这真是挺奇怪的。有两个原因可以解释这种现象。第一，一些老师就是顽固的老脑筋，他们总觉得光靠老师就足够了。第二，如果家长参与进来的话，管理上得做更多的工作，这些老师嫌麻烦。

你至少可以就上面说的第二条谈谈你的想法。

应用

把家长志愿者的信息整理出来，建立一个资料库。这样可以有效地帮助你管理学校组织的旅行和其他各种活动。

1. 反复劝说家长们投入志愿者活动，告诉家长，志愿者活动不仅值得，而且对孩子的教育大有益处。可以请家长志愿者里的骨干一起来劝说其他家长。

2. 组织一次社交活动，准备些吃的、喝的，然后把志愿者工作机会告诉家长。告诉家长在学校组织的旅行里，都需要家长做些什么。

3. 创建一个资料库，把家长们的技能、何时有空和家长们考虑参加的志愿者活动等信息都搜集进去。

4. 对于所有直接与孩子接触的家长，都要做好犯罪记录检查工作（www.crb.gov.uk）。一定得记住：这个检查过程通常要花四个星期。

5. 定期给大家发一些有简单信息的小传单，用电子邮件发就行。

6. 多多享受家长能给予的帮助！

技术

家长代表和家长委员会

你可曾听说过"家长代表"？或者是"家长委员会"？在很多国家，很多学校都有家长代表，这些家长代表的全体就组成了"家长委员会"。（你可以想象一下坐在学生委员会里的"导师组的代表们"，这样你大概就能知道"家长委员会"是什么样了）

"家长代表"的出现，至少能证明，比起"家长教师联合会"和偶尔才召开一次的家长会，学校希望能与家长有更深入地接触。"家长代表"能表达出普通家长对于教育的忧虑（比如，家长们对于考试的焦虑真是日渐增长），或者是对其他校园事件的担忧。家长们还能提出各种讨论议题，这些议题都是针对学校里各年级学生的不同发展需要的。"家长代表"能促进家长和教师相互理解，并且能使双方之间的信息沟通水到渠成。有时，"家长代表"还能对召开家长会时大家讨论的双方都感兴趣的主题提些建议。

每个班或者是每个导师组都提名一个家长代表。家长代表们可以组成一个家长委员会。家长委员会一个学期开 1~2 次会，与会的还得有学校教职工和校方主管代表参加。如果不这样，你可以一个学期主持 1~2 次家长论坛，这样，也能给家长以机会，来讨论他们所关心的学校里的各种事情。

应用

如果你计划建立家长委员会或者是家长论坛，以下是三个关键步骤：

1. 考虑清楚家长委员会或是家长论坛到底扮演什么角色。

2. 挑选家长代表并组织召开第一次会议。

3. 根据家长代表们的意见，修订家长委员会或是家长论坛的角色定位。

在英国，教育与技能部和人的全面发展教育［《人的全面发展教育：关于建立家长委员会的计划：2004—2005》(Human Scale Education: Setting Up Parents' Councils Project 2004—2005)］最近展开的一个科研调查，有以下这些重要发现：

☞ 要得到校长的支持。

☞ 从一开始就得明确任务和责任。

☞ 从一开始就要不断地咨询家长的意见。

☞ 进度不要太快。

☞ 一开始得有点实际效果，这样能让家长看到他们的呼吁确实起到了作用。

☞ 支持家长。

☞ 腾出时间来。

☞ 把开会时间定在家长们方便的时间段里。

☞ 要营造出轻松愉快又目标明确的开会氛围。

☞ 开会议程要写得简洁，任务制定得要符合实际。

技术

家长做导师

家长—导师制在美国很平常。如今，在英国的教育体系里，学习型导师的地位也越来越凸显了。

家长导师，是指具有某种技能和经验并能教给学生这些技能和经验的人。已经做了家长（就更了解孩子）的话，家长顾问就能更集中思考下面这几类学生的情况：

- ☞ 弱势的学生
- ☞ 天才学生
- ☞ 学困生
- ☞ 越来越退步的学生

导师还可以从学生的文化背景入手，帮助学生更有效地学习，并培养起学生的自信心。

有时候，给学生找导师，可以去找那些正好与学生的文化出身和社会背景相似的导师。但是有时候，又正好反过来，得给学生找那些与他们的社会背景和文化出身差异较大的导师。通常，每半个学期安排导师和学生单独见几次面，时间可以是 20 分钟、30 分钟或者 40 分钟。

应用

下面是制订家长—顾问方案的十个步骤，你可以用你自己的方式来运用这十个步骤。

1. 想清楚你想要达到什么目标。

2. 定好你要辅导的是哪几个学生。

3. 先从家长里或是其他地方招几个顾问来备用。

4. 帮助顾问做好准备。

5. 帮助学生考虑好应该期待哪些方面有所提高。

6. 总结出活动成功的一些简单要素（如顾问人数、学生出勤率等）。

7. 一定要确保，每个组里都有一个校方人员参与协调。

8. 让每个顾问都能随时听到反馈意见。

9. 开展安全检查。

10. 一切就绪，就马上开始。

（摘自："顾问和协助基金会"的宣传单，www.mandbf.org.uk.）

技术

助教

你的助教里，有多少人同时又是家长？

一提起找助教，多数学校都觉得家长就可以胜任。有这么一点毋庸置疑，那就是助教得接受其他学校职员都接受的正规的在职专业培训。

那么，如果是些不那么正规并带有志愿者性质的助教呢？想看看家长们对此是否有兴趣，最简单的方式就是写信告诉他们。因为大家都很忙，所以家长们的回复不会让你应接不暇。就让我们假设至少是有一个志愿者，那么（通过安检之后），就可以开始工作了。

你可以这样：

❖ 邀请他们来非正式地观摩你的工作；

❖ 和其他已经接受家长帮助的同事们谈一谈；

❖ 让家长跟着一个学生观察，只观察一个小时；

❖ 给家长提供一些简单的"该怎么办"之类的信息；

❖ 帮助他们开始；

❖ 家长们每次帮忙出力之后，你都一定得和他们联系，这样才能让家长们觉得自己的工作有价值；

❖ 简单说几句表示感谢的话，并在家长们离开之前，问问他们的意见。

应用

由家长来做志愿者，可以在多个领域里发挥作用。下面是一些建议，你可以添加你觉得合适的内容：

剪辑，追踪，比较

和小组一起阅读

和学生个人一起阅读

就某一特定项目，和一个学生一起合作

为提高读写能力，给学生一对一辅导

为提高计算能力，给学生一对一辅导

指导学生完成作业

拍照

出版学生的作品

音乐

艺术作品

在学校场地里工作

技术

家长—教师协会

绝大多数学校都有"家长—教师联合会"。当你说出这个名字时，多数教师会反应异样——他们要么是非常欢迎家长对学校做出的各种实事，要么就是怕了家长们出于善意的种种"干涉"。

顾名思义，"家长—教师协会"是面对家长和教师的，也面对学校社区内的其他人。"家长—教师协会"的目的，就是要促成家长和自己子女就学的学校形成良好的关系，促进两者之间的合作，这样才能使学校更好地倾听家长的意见并为家长排忧解难。"家长—教师协会"能让家长了解到他们能为学校做些什么，为家长和教师提供对话论坛，并为两者之间的良好合作关系奠定基础。

"家长—教师协会"要做的以下诸多事情：

❖ 募款。

❖ 组织活动。

❖ 管理伙食。

❖ 帮助开发学校场地。

❖ 促进大家更深刻地了解教育和了解学校事务。

❖ 提供一个大家能共同讨论的非正式的论坛。

应用

你们学校的"家长—教师协会"干得怎样？下面列出的这些问题，会帮助拓展你的思路。你和你们现在的"家长—教师协会"成员一起作回顾性讨论时，可以参考以下这些问题。

☞ 常来参加"家长—教师协会"会议的，有多少人？

☞ 有多少人经常花时间帮"家长—教师协会"做些事情？

☞ 去年，你们学校的"家长—教师协会"做了些什么？

☞ 今年，你们学校的"家长—教师协会"打算做些什么？

☞ 去年，你们学校的"家长—教师协会"筹集了多少捐款？

☞ 去年，"家长—教师协会"完成的最出色的工作是什么？

☞ 大家对你们学校的"家长—教师协会"的评价有多高？

☞ 对于你们现在还没有开展的工作，你希望"家长—教师协会"以后能开展哪些活动？

技术

家长管理员

对于任何一所学校的管理机构来说，在其中任职的家长管理员都是其重要组成部分。这些家长管理员是由家长选出来的，一届任期四年。这些家长管理员当选时，必须得有其子女在该校就读。如果家长管理员的子女在他们的任期结束前就毕业了，家长管理员可以干到任期满了之后再离职。

尽管是由家长们选出来的代表，但是家长管理员没必要只表达其他家长们的意见，反而不提他自己的意见。只要其他家长的意见中肯，家长管理员都可以向学校汇报。

家长管理员会听到家长们对学校的种种不满，因为家长们总是把家长管理员当成是自己人。但是家长管理员是全职管理人员，所以学校管理机构里的所有事务，家长管理员都得参加，而且，家长管理员得像其他管理人员一样，履行各种管理义务。

家长管理员的工作繁忙，责任重大，所以，没几个家长愿意啃这块硬骨头。让家长参与到学校管理中去的最大好处，就在于能够吸引更多高水平的家长去做家长管理员。

应用

你可以试试，看看下面的这几个想法在你招家长管理员并想留住家长管理员时，是不是能起点作用。

☞ 任命现任的家长管理员来协助招考未来的家长管理员。

☞ 让一些有可能做家长管理员的家长，先协助做些学校里其他方面的工作。

☞ 用平实的语言来描述家长管理员的职责。

☞ 如果要选举，鼓励候选人写份充满创意的简历。

☞ 采用"一帮一"的方式，给每个家长管理员找个顾问，用这样的方式来帮助家长管理员度过开始阶段。

☞ 家长管理员参加培训的话，由学校来出钱。

☞ 你本人一定得花些时间在家长管理员身上。

☞ 你一定得好好运用家长管理员的技能和时间，怎样才能做到这一点呢？你得先问清楚，家长管理员自己都希望为学校做些什么。

技术

作为终身学习者的家长

当然，对于家长来说，最吸引他们参与到学校生活中去的因素之一就是学校能给他们提供一个学习的机会，而不仅仅是做家长。很多社区里的中学，从一大清早开始，就开设了各种朝气蓬勃的正规科目，还有的学校开展各种非正规的活动，如体育活动、艺术活动以及其他休闲活动等。

很多学校都不习惯在下午六点之后和周末开展活动。然而，把这段时间利用起来，稍微发挥点想象力，就能给家长、家长的朋友，还有社区里的其他人员创造出各种机会。

有时，也可以从校外找到资助，来支持学校举办这些活动。你们学校可以从给当地社团提供的各种机会中受益。尤其是如果你能给有特殊兴趣爱好的家长们提供活动空间，或者是给一些文化团体提供活动空间的话，那你们学校都能从中受益。

停下来想想你对学校场地的运用方式。

记住：大部分家长成为志愿者，是因为他们已经在你学校里服务，并开始以新的眼光看待你和学校。

应用

你可以考虑让一些团体在你们学校搞一些会议讲座。这些团体可以是：

☞ 附近的大学   ☞ 青年团体

☞ 网球俱乐部   ☞ 有神圣信仰的社团

☞ 健身俱乐部

想想你们学校能给家长、当地居民、家长和当地居民的朋友，还有社区成员提供哪些新的服务。比如，向他们提供：

☞ 摄像器材   ☞ 运动器械

☞ 复印服务   ☞ 媒体科研设备

☞ 暑期课程

好好想想，你肯定还能想出更多的点子来！

我才发现，从学校毕了业之后，还有"终身教育"这么个玩意儿！

技术

人们为什么没有兴趣学习

文化方面的原因	❖ 对聪明人的顾忌 ❖ 以前在家庭里也没有得到过类似的机会 ❖ 一些女人总觉得这世界还是属于男人的 ❖ 一些男人又觉得真正的男人不需要学习 ❖ 离开学校后就该直接开始工作 ❖ 因为高失业率而造成了人与人之间关系的疏远 ❖ 来自同龄人的压力
深层的原因	❖ 缺少资金 ❖ 没有时间 ❖ 没人帮着照看孩子 ❖ 身体有残疾 ❖ 信息匮乏，也没有专业建议和行家指导
个人方面的原因	❖ 不愉快的学校记忆 ❖ 语言问题 ❖ 没什么动力 ❖ 自尊心低 ❖ 健康缘故 ❖ 年龄问题 ❖ 学习方式和工作要求二者间的冲突

　　很多你确实希望能参与进来的家长，自己就先放弃了学习。这种情况经常发生。

非常遗憾的是，对很多人来说，学校首先教会他们的就是惨败和被拒绝。这样的人当了家长之后，就会对学校和教师心存疑虑。另外，文化方面的障碍也是一个原因。看看下面这些观点，是不是能帮着你把那些对学校拒之千里的人吸引过来。

应用

学习真是有趣！

学有所得！

关于学习途中的障碍，可以用第 86 页的表格，提出尽可能多的解决方案来。比如说：

不愉快的学校记忆

把学生们开心地参与学校各种活动的情景，做成一个短片，中间再穿插些家长谈论他们自己是怎样参与到学校活动中去的评论。

年龄问题

邀请本地的老年人，来学校一起吃午餐，并请他们一个月来参加一次学校活动。这样，学生和家长就都能领悟出来，要想学习的话，不论年纪多大都不算晚。

技术

第二语言

让家长们觉得自己被拒之门外的最重要的一个原因，就是家长们听不懂学校所用的语言。这背后的深层次的文化原因，更加深了这种语言上的距离感。

如果你们学校有相当一部分的家长（或者也包括相当一部分的学生）的母语不是英语，那你的工作范围可就扩大了，还得有家校专家联络组来与你合作。跟家长们打交道必须额外地付出精力，尤其是与母亲们打交道。有时候，家长们会觉得家访，或者是在既不是家也不是学校的"中立地带"开会，比到学校去开会要更让人容易接受些。

有的学校会根据学校里现有的不同文化，而特意开展不同的文化活动，比如，开斋节（伊斯兰教的节日），或者是排灯节（印度的宗教节日）。

你的思维方式决定了你怎样解决第二语言这个问题。如果你把仅有一部分家长讲英语看成是教学障碍的话，那你就有可能没能把握住这一富有价值的教育资源，错失发展良机。多元文化不仅能为你们学校的所有学生提供极佳的教育契机，而且，你也能痛下苦功，好好去为那些母语不是英语的家长们发掘更多的发展机会。

应用

你知道家长们都讲哪些语言？你知道家长们都来自哪些国家？你知道你们学校里都有哪几种宗教？都有哪些宗教节日？你知道不同文化上的禁忌吗？你知道在你们所在的地区里，有哪些补习学校或者是讲学生母语的学校？

知识就是力量。你得确保你拥有并能运用这些虽基础但却重要的知识。对于学校里出现的每种语言，你都可以用这个表格来汇集信息：

语言	
讲的人数	
相应的宗教信仰	
重要节日	
禁忌	
学校对这种语言有哪些活动计划：	

技术

家庭学习宣传活动

在本书第 40 页，我们谈到了为学生家长开设一个"家庭日"。我们再想想还能开展哪些其他活动。

每年都有很多特定的主题周，可以促进不同主题的教育内容的普及。你可以把你们学校的活动和这些特定的主题周结合起来。比如在英国，每年三月份的"全国科学周"和十月份的"全国父母周"，就是开展类似学校活动的好时机。

除此之外，周末和节假日也都能开展活动。你可以先试试在周末开展一些艺术、科学、体育等方面的活动，或者是其他户外活动，看效果如何。

你可以给学生和学生家长提供一个假日活动计划。这个假日活动计划可以像一次性试验一样，就试一个星期。当然，你也可以让它贯穿整个学期，把它当做早餐俱乐部和课外活动的一种延续。

英国国家广播公司网址：

www.bbc.co.uk/schools/revisewise/parents/familylearning。

这个网址提供了很多非常好的信息资源，可以供家长随时使用。

应用

　　"家庭学习周"是一个全国性宣传活动，旨在强调家庭学习的重要性。在英国，"家庭学习周"由学习活动委员会（www.campaign-for-learning.org.uk.）统筹规划，一年举办一次。

　　"家庭学习周"期间，全国范围内都举办各种各样妙趣横生的活动，活动的目的就是要让全家人都参与进来，从爸爸妈妈到叔叔婶婶，从爷爷奶奶到孙子孙女，全都要加入。

　　很多机构都投入到这样的活动中，包括：图书馆、博物馆、美术画廊、幼儿园、中小学校、大专院校、市镇中心、零售商业中心、运动休闲中心、公园、动物园、历史遗址，还有很多社区组织和志愿者组织等。

　　为什么不在你们学校也开展一些活动呢？这里有个设想的活动周计划，看看是不是能适合你们学校的情况。

星期一	和当地的博物馆共同搞活动——20世纪60年代大事记展览
星期二	户外科学日，和当地的大学生还有农民们一起活动
星期三	公平贸易日，包括一起烹饪，大家聚在社区一起喝茶
星期四	穿上维多利亚时代的服装，去参观国家信托公司的旧址
星期五	在学校举行家庭日活动
星期六	在学校举行越野识图比赛，过一个有趣的下午

技术

拓展教育范围

一般来说，一个地区，特别是经济欠发达地区，学校里配备的电脑通常就是当地配置最好的电脑了。学校里的体育设施和食堂往往也是当地条件最好的。现在的中学，尤其是社区中学，越来越关注于除了教育学生之外，他们还能为社会提供哪些服务。

"拓展学校"运动就正在努力完成这项任务。学校要得到拓展，就得和当地的能提供协助的机构（通常是其他兄弟院校）合作，一起在教学日之外尽量提供更多的服务，比如：

❖ 早上 8:00 到下午 6:00，全年提供托儿服务；

❖ 提供育儿知识和家教帮助；

❖ 开展学习辅导，组织运动和音乐俱乐部等；

❖ 给社区提供各种器械以便使用；

❖ 为大家在诸如矫正语言障碍、治疗突如其来的疾病等方面提供方便快捷的专家诊疗引荐服务（请参看本书第 66 页和第 67 页）。

如果你有兴趣，可以先采取第一步，就是去和你们当地主管学校拓展计划的主管谈一谈，以便了解相关信息和情况。

应用

要开展拓展学校计划，你可以考虑把你们学校定位在像那种"一站式"的商店。就是说，你们学校要能为当地社区提供一系列的服务，比如语言障碍矫正、家政服务，还有帮助提高行为能力的各种服务，所有这些都可以在你们学校或者是你们学校附近开展。

实际上，现在有的医生的全程手术治疗已经开始包括护士服务、物理疗法、同种疗法、牙科治疗、药剂师调配等诸多方面；同样的道理，学校也可以重新考虑改变学校的传统定位。学校可以提供其他社区服务，比如，添置自动取款机、邮政信箱、社区图书馆等。

一说到某件事物"应该怎样"，我们通常总是被自己惯有的思路所束缚。为什么不花上几分钟，做个白日梦，想想看在十年（或者更短）之内，你们学校会变成什么样？

技术

未来的学校

设想一下：从现在开始，往后数十年，你们学校能完成哪些现在还完成不了的任务：

❖ 学校将从哪些方面，让家长更多地参与进来？

❖ 学校还会有教室吗？

❖ 会有学校开放日吗？

❖ 那时的假期是否还会用现在的方式去度过？

❖ 学校是否一看上去就不一样？

❖ 谁会使用学校？

尽你所能地去大胆设想！

应用

未来的学校可能会有……

没有科目！

家长论坛 ← 帮助管理学校

提建议

能随时了解信息

邮局

医生治疗室

商务中心

不再有年级：学生们准备好了就可以升级

家长协助日

雇员就业日

＊ 雇主让家长在学校协助事务

就学生需要而专门设计的课程

联系那些对学校失去了兴趣的家长们

延伸阅读

Bayley, R. and Broadbent, L. (2005) *Flying Start with Literacy*, Network Educational Press

Carrington, D. and Whitten, H. (2005) *Future Directions: Practical ways to develop emotional intelligence and confidence in young people*, Network Educational Press

Teare, B. (2004) *Parents' and Carers' Guide for Able and Talented Children*, Network Educational Press

Burrell, A. and Riley, J. (eds.) (2005) *Promoting Children's Well-Being in the Primary Years*, Network Educational Press

Lucas, B. (2006) *Boost Your Mind Power Week by Week*, Duncan Baird

Lucas, B. (2006) *Happy Families: how to make one, how to keep one*, BBC Active

Lucas, B. (2005) *Discover Your Hidden Talents; the essential guide to lifelong learning*, Network Educational Press

Lucas, B. and Claxton, G. (2004) *Be Creative: essential steps for life and work*, BBC Active

Lucas, B. and Smith, A. (2003) *Help Your Child to Succeed Toolkit*, Network Educational Press

Lucas, B. and Smith, A. (2002) *Help Your Child to Succeed*, Network Educational Press

Lucas, B. (2001) *Power up Your Mind: learn faster, work smarter*, Nicholas Brealey

你也可以通过以下网站寻求帮助：
www. alite.co.uk
www. bill-lucas.com
www. campaign-for-learning.org.uk
www. continyou.org.uk
www. education-world.com
www. hse.org.uk
www. mandbf.org.uk
www. nrich.maths.org.uk
www. parentlink.co.uk
www. parentscentre.gov.uk
www. parents.org.uk
www. standards.dfes.gov.uk/parentalinvolvement

出 版 人　所广一
策划编辑　谭文明
责任编辑　闫　景
责任美编　刘　莹
版式设计　徐丛巍
责任校对　贾静芳
责任印制　曲凤玲

图书在版编目(CIP)数据

让家长走进学校 / 卢卡斯著 ; 王漠琳译. —
北京 : 教育科学出版社, 2012.5
（教师口袋书）
书名原文: Involving Parents in Schools
ISBN 978-7-5041-6478-0

Ⅰ.①让… Ⅱ.①卢… ②王… Ⅲ.①家长学校
Ⅳ.①G459

中国版本图书馆CIP数据核字(2012)第084682号

北京市版权局著作权合同登记　图字:01-2011-8125号

教师口袋书
让家长走进学校
RANG JIAZHANG ZOUJIN XUEXIAO

出版发行	教育科学出版社			
社　址	北京·朝阳区安慧北里安园甲9号	市场部电话	010-64989009	
邮　编	100101	编辑部电话	010-64989593	
传　真	010-64891796	网　址	http://www.esph.com.cn	
经　销	各地新华书店			
制　作	北京博祥图文设计中心			
印　刷	北京昊天国彩印刷有限公司	版　次	2012年7月第1版	
开　本	101毫米×199毫米　40开	印　次	2012年7月第1次印刷	
印　张	2.5	印　数	1-5 200册	
字　数	100千	定　价	18.00元	

Original English Title:

Involving Parents in Schools

© Bill Lucas 2006

All rights reserved.

This translation is published by arrangement with The Continuum International Publishing Group.

该翻译作品由英国康特纽姆出版集团授权出版。

版权所有，侵权必究